Ravi Kumar Yamsani
Sarath Kumar Chittamuru

Desempenho dos protocolos de encaminhamento MANET

Ravi Kumar Yamsani
Sarath Kumar Chittamuru

Desempenho dos protocolos de encaminhamento MANET

sobre TCP e HTTP

ScienciaScripts

Imprint

Cover image: www.ingimage.com

This book is a translation from the original published under ISBN 978-3-330-33217-1.

Publisher:
Sciencia Scripts
is a trademark of
Dodo Books Indian Ocean Ltd. and OmniScriptum S.R.L publishing group

120 High Road, East Finchley, London, N2 9ED, United Kingdom
Str. Armeneasca 28/1, office 1, Chisinau MD-2012, Republic of Moldova, Europe
Printed at: see last page
ISBN: 978-620-8-32479-7

RESUMO

Uma rede ad hoc móvel (MANET) é uma rede sem fios sem infra-estruturas. A auto-configuração e a facilidade de utilização das MANET deram origem a muitas aplicações no mundo atual. Os protocolos de encaminhamento eficientes tornam as MANET fiáveis. Para encontrar um protocolo de encaminhamento eficiente para o encaminhamento, considerámos quatro aspectos diferentes neste trabalho: escalabilidade, mobilidade, carga da rede e atraso TCP, para analisar o desempenho dos protocolos de encaminhamento DSR, OLSR e AODV. Para a nossa análise, usamos tráfego HTTP na rede projectada. As métricas de desempenho throughput e delay são utilizadas para a análise de desempenho. Os resultados das nossas simulações mostram que nenhum dos protocolos que selecionámos tem o melhor desempenho nos quatro aspectos considerados. Concluímos que a eficiência de uma rede pode ser alcançada através da escolha dos protocolos mais adequados de acordo com as necessidades da rede.

Palavras-chave: rede ad hoc móvel, protocolos de encaminhamento ad hoc móvel, atraso, taxa de transferência.

SAIR

Gostaríamos de expressar os nossos sinceros e sentidos agradecimentos ao nosso orientador de tese, Alexandru Popescu, pelos seus esforços intensos e conselhos inestimáveis para melhorar a qualidade do nosso trabalho.

Estamos particularmente gratos aos nossos pais que, ao longo da nossa carreira, sempre nos apoiaram com coragem, força, encorajamento, amor e apoio moral e financeiro.

Estamos gratos aos nossos amigos pela sua cooperação atempada e pelo seu apoio em tempos difíceis.

Os nossos agradecimentos especiais vão também para os professores do BTH, Mikeal Asman, Patrik Arlos e Anders Nelsson, por terem sistematicamente levado este trabalho a bom termo, e para Lena Magnusson, pelo seu generoso apoio e motivação em tempos difíceis.

ABREVIATURAS

AODV	Ad hoc On-demand Distance Vector
CBR	Constant Bit Rate
DSDV	Distance Sequence Distance Vector
DSR	Dynamic Source Routing
FSR	Fisheye State Routing
FTP	File Transfer Protocol
GSR	Global State Routing
HTTP	Hypertext Transfer Protocol
IETF	Internet Engineering Task Force
LRR	Least Resistance Routing
MANET	Mobile Ad hoc Network
OLSR	Optimized Link State routing
RFC	Request For Comment
TCP	Transmission Control Protocol
TORA	Temporarily Ordered Routing Algorithm
UDP	User Datagram Protocol
WG	Working group
WRP	Wireless Routing Protocol

CAPÍTULO 1

1 INTRODUÇÃO

Uma rede ad hoc móvel (MANET) é um sistema sem fios constituído por nós móveis. Trata-se geralmente de um sistema descentralizado e autónomo. Os nós móveis de uma MANET funcionam frequentemente como um cliente/servidor. Os nós da rede podem ser fixos ou móveis. Os nós móveis incluem computadores portáteis, telemóveis, leitores de MP3, computadores domésticos ou ferramentas digitais pessoais. Os nós podem estar localizados em barcos, aviões ou em terra e, independentemente da sua localização, podem participar na comunicação. A auto-conetividade e a facilidade de utilização das MANET tornam-nas ideais para situações de emergência, vigilância e salvamento.

Os protocolos de encaminhamento das MANET são conhecidos desde 2003 sob a forma de Request For Comments (RFC) experimentais. A implementação e a utilização dos protocolos não foram devidamente abordadas nos RFC, mas os algoritmos dos protocolos de encaminhamento propostos foram identificados como uma tecnologia experimental que muito provavelmente conduzirá a uma norma. Tem sido feita uma enorme investigação em diferentes protocolos de encaminhamento, como o Dynamic Source Routing (DSR), o Optimized Link State Routing (OLSR), o Temporarily Ordered Routing Algorithm (TORA) e o Ad Hoc On-Demand Distance Vetor (AODV), para o seu desenvolvimento e normalização do suporte de encaminhamento pelo Internet Engineering Task Force (IETF) MANET Working Group (WG) [24].

As MANET têm vindo a utilizar progressivamente o mundo das comunicações sem fios como meio geral de comunicação humana. Em muitos locais, como universidades, escritórios, aeroportos e hotéis, os dispositivos equipados com placas Wi-Fi são configurados como hotspots. São uma importante fonte de comunicação no mundo moderno. Este facto desafiou os investigadores de todo o mundo a intensificar a sua investigação para desenvolver as MANET. Nestas redes de comunicação avançadas, o encaminhamento desempenha um papel fundamental, uma vez que é um dos aspectos mais importantes do encaminhamento de dados na rede. Até à data, muitos investigadores propuseram diferentes protocolos. O estudo dos dispositivos sem fios levou-nos a concentrar-nos em grandes redes em que os anfitriões que participam na rede comunicam entre si de forma ad hoc.

1.1 QUESTÕES

O desempenho das MANET é sensível à mobilidade, à escalabilidade e à carga de tráfego, pelo que as variações nestes aspectos afectam o desempenho das MANET, o que pode aumentar ou diminuir a eficiência global da rede. Estudar o desempenho diferente dos protocolos à medida que a quantidade de tráfego e a velocidade dos nós variam é, por conseguinte, crucial para um encaminhamento eficiente do tráfego. A questão importante agora é saber se a variação da dimensão da rede, da velocidade dos nós e da carga de tráfego melhorará o desempenho dos protocolos. Os estudos de investigação efectuados até à data sobre a análise do desempenho dos protocolos de encaminhamento das MANET apresentaram resultados variáveis, em função das diferentes condições da rede, como o tipo de tráfego, os parâmetros, a dimensão da rede e a utilização de diferentes simuladores.

Muitos investigadores dedicaram muito tempo a analisar o desempenho dos protocolos de encaminhamento das MANET, centrando-se no tráfego Constant Bit Rate (CBR), no tráfego File Transfer Protocol (FTP), no tráfego User Datagram Protocol (UDP), no tráfego Transmission Control Protocol (TCP), etc. No entanto, a MANET é uma das redes mais utilizáveis e fiáveis para a comunicação com determinadas aplicações em universidades, escritórios, aeroportos e hotéis, etc. Nessas aplicações de utilizador, é necessário um bom desempenho HTTP para permitir o funcionamento das aplicações baseadas na Web. Por conseguinte, é necessário investigar o desempenho de protocolos de encaminhamento MANET selecionados, DSR, OLSR e AODV, para o tráfego HTTP, uma vez que este desempenha um papel fundamental nas aplicações MANET.

1.2 Objetivo do trabalho

"O objetivo deste trabalho é analisar o desempenho dos protocolos de encaminhamento MANET DSR, OLSR e AODV no tráfego HTTP em termos de escalabilidade, mobilidade, carga de rede e atraso TCP.

1.3 Contribuição

No nosso trabalho, uma das principais contribuições será a análise do desempenho dos protocolos existentes DSR, OLSR e AODV, limitados ao tráfego da Web, com os indicadores de desempenho atraso e débito, utilizando a simulação OPNET. Em segundo lugar, são concebidos e implementados cenários de rede, variando o número de nós, a mobilidade dos nós e a carga de tráfego, para estudar o desempenho dos protocolos e determinar o protocolo ótimo para o encaminhamento. Uma vez que o tráfego Web (HTTP) utiliza o TCP como protocolo de transporte, centramo-nos também no impacto do tráfego em duas camadas diferentes, a camada de aplicação e a camada de transporte, a fim de analisar o desempenho dos protocolos de encaminhamento das MANET. Esta perspetiva do problema levou-nos a formular as seguintes tarefas de investigação.

1.4 Desafios para a investigação

[1] Determinar o impacto da escalabilidade no desempenho dos protocolos de encaminhamento de MANET.

[2] Análise do atraso e do débito em função de diferentes cargas de tráfego na rede.

[3] Observar o impacto da mobilidade dos nós na taxa de transferência e no atraso.

[4] Análise dos protocolos de encaminhamento de MANET selecionados através do tráfego HTTP e determinação do protocolo que desempenha um papel ótimo no encaminhamento.

[5] Determinar o impacto do atraso do TCP no desempenho dos protocolos de encaminhamento para o tráfego HTTP.

1.5 Hipótese

Partimos do princípio de que o tipo de tráfego utilizado na comunicação com os protocolos de encaminhamento MANET afecta o desempenho dos protocolos de encaminhamento MANET. Esta hipótese única tem de ser verificada através da realização de simulações com os protocolos de encaminhamento MANET DSR, OLSR e AODV selecionados para abordar as tarefas de investigação acima referidas. O OPNET Modeler 14.5 é utilizado para efetuar a simulação da seguinte forma

- O tamanho da rede varia em diferentes cenários de simulação e o desempenho dos protocolos de encaminhamento MANET é analisado.
- São desenvolvidos dois cenários de simulação com tráfego HTTP pesado e tráfego HTTP ligeiro para observar o comportamento do desempenho dos protocolos de encaminhamento MANET.
- As velocidades dos nós são variadas em diferentes cenários de simulação e as métricas de desempenho do atraso e do débito são analisadas para observar o impacto da mobilidade no desempenho do protocolo de encaminhamento MANET.
- Finalmente, o desempenho de encaminhamento dos protocolos DSR, OLSR e AODV é analisado em função do atraso TCP em dois cenários diferentes, um com elevado tráfego HTTP e outro com baixo tráfego HTTP.

1.6 Tamanho da tese

Os protocolos de encaminhamento das MANET são geralmente classificados em três categorias: proactivos, reactivos e híbridos. Os protocolos de encaminhamento ad hoc que contêm protocolos reactivos e proactivos são designados protocolos de encaminhamento híbridos. O nosso trabalho de diploma centra-se exclusivamente nos protocolos reactivos DSR e AODV e no protocolo proactivo OLSR. Neste trabalho, vamos avaliar o desempenho dos protocolos DSR, OLSR e AODV em MANET. Iremos observar o impacto destes protocolos no desempenho da MANET quando se utiliza tráfego HTTP.

Não nos concentramos na análise destes protocolos ou em questões de conceção de algoritmos. O consumo de energia dos protocolos de encaminhamento ao efetuar a nossa avaliação e o tempo de pausa dos nós móveis utilizados no nosso trabalho não são tidos em conta. Os tempos de pausa atribuídos aos nós também têm um impacto no desempenho da rede, uma vez que os nós envolvidos na comunicação param no tempo de pausa atribuído e escolhem depois um novo destino aleatório. Assim, ter em conta o tempo de pausa vai influenciar a análise dos protocolos que escolhemos do ponto de vista da escalabilidade, mobilidade, carga da rede e atraso do TCP. Por este motivo, os tempos de pausa são mantidos constantes para todos os cenários.

1.7 Estrutura da tese

Este trabalho está dividido em oito capítulos principais. O primeiro capítulo introduz o tema e identifica o problema e os desafios da nossa investigação. O segundo capítulo descreve o contexto e as relações. O terceiro capítulo apresenta uma visão geral das MANET e das suas aplicações. O quarto capítulo dá uma visão geral dos protocolos de encaminhamento ad hoc, incluindo DSR, OLSR e AODV. O quinto capítulo explica o TCP e o HTTP. O sexto capítulo explica a ferramenta de simulação e o seu funcionamento. O sétimo capítulo explica os resultados e a análise dos protocolos DSR, OLSR e AODV sob quatro aspectos: escalabilidade, mobilidade, carga da rede e atraso do TCP. O oitavo capítulo apresenta as conclusões e o trabalho futuro.

CAPÍTULO 2

ANTECEDENTES e TRABALHOS RELACIONADOS

As caraterísticas vantajosas das MANET, que são fáceis de implementar, descentralizadas e não necessitam de infra-estruturas, conduziram a um rápido crescimento das aplicações. Nestas redes ad hoc, o encaminhamento desempenha um papel crucial. Os investigadores propuseram vários protocolos de encaminhamento para permitir um encaminhamento eficiente nas MANET. Os protocolos de encaminhamento desempenham um papel importante no desempenho das MANET. Este aspeto levou os investigadores a analisar os protocolos de encaminhamento em diferentes condições de rede e a determinar o seu impacto no desempenho das MANET.

Os protocolos de encaminhamento reativo DSR e AODV e o protocolo de encaminhamento proactivo OLSR foram analisados com base nos indicadores de desempenho da taxa de transferência de dados e do atraso extremo-a-extremo. O tráfego CBR é utilizado para analisar o desempenho dos protocolos selecionados. Os resultados mostram que o protocolo de encaminhamento proactivo OLSR tem um desempenho melhor do que os protocolos de encaminhamento reativo DSR e AODV. O fraco desempenho dos protocolos reactivos deve-se à elevada probabilidade de estouro do buffer e de perda de pacotes nas camadas de rede [12].

São desenvolvidos vários cenários, variando o número de nós, para analisar o desempenho dos protocolos AODV, DSR e OLSR. As variantes Tahoe, Reno e New Reno TCP são utilizadas para a análise do desempenho. A taxa de transferência dos protocolos selecionados diminui com o aumento da dimensão da rede quando são utilizadas as variantes TCP selecionadas. Foi observado um atraso significativo para os protocolos DSR e TORA. A janela de congestionamento atinge um pico com o TORA em comparação com o DSR e o AODV, o que pode ser explicado pelo espaço limitado disponível na memória intermédia para tratar os dados recebidos com as três variantes TCP. [5].

O DSR, o OLSR, o TORA e o AODV foram analisados com base no tráfego FTP. A perda de pacotes foi de 50% e o tráfego UDP resultou numa maior entrega de pacotes. Nenhum dos protocolos selecionados apresentou melhor desempenho, mas os protocolos são os melhores em termos de débito. Para ligações de elevada capacidade, os protocolos proactivos superaram os protocolos reactivos, enquanto que para ligações de baixa capacidade, os protocolos reactivos superaram os protocolos proactivos [13].

Foram utilizados aspectos de mobilidade aleatória e escalabilidade para analisar o desempenho dos protocolos de encaminhamento AODV, OLSR e TORA. O OPNET Modeler 14.5 foi utilizado para a simulação. A análise do rendimento dos protocolos selecionados revelou que o

TORA tinha um rendimento inferior ao do AODV e do OLSR. O AODV mostrou melhor eficiência do que o OLSR e o TORA em condições de tráfego elevado [15].

A conclusão da investigação acima referida mostra que o desempenho do protocolo varia em função das condições da rede em diferentes ambientes de simulação. Isto deve-se ao tipo de tráfego, ao número de nós, à taxa de mobilidade, etc. Tendo isto em conta, realizámos a nossa investigação sobre protocolos de encaminhamento MANET bem conhecidos, nomeadamente o DSR, o OLSR e o AODV, no caso do HTTP (tráfego Web), uma vez que dependem do TCP como protocolo de transporte.

CAPÍTULO 3

VISÃO GERAL DAS MANET

A rede ad hoc móvel (MANET) é uma tecnologia de rede ad hoc sem fios. Os nós móveis da rede actuam como clientes e servidores [1]. A figura 3.1 mostra uma MANET descentralizada composta por nós móveis que, juntamente com os respectivos nós móveis, actuam como encaminhadores.

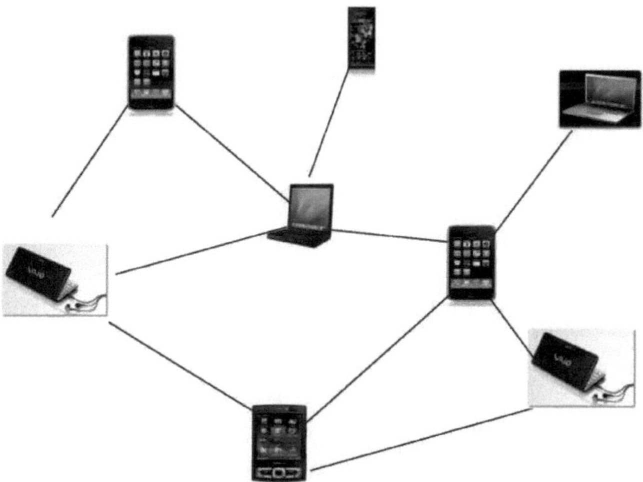

Figura 3.1 Rede ad hoc sem fios

Propriedades das MANET

Ao contrário das redes tradicionais, as MANET não têm uma autoridade central ou uma infraestrutura fixa, o que torna o sistema descentralizado.

As MANETS ligam-se entre si descobrindo a topologia e transmitindo elas próprias as mensagens, o que faz das MANET uma rede auto-configurável.

Os nós móveis das MANET podem deslocar-se livremente. Isto leva a mudanças frequentes na topologia, uma vez que são encontrados automaticamente caminhos alternativos.

Utilizam diferentes mecanismos de encaminhamento na transmissão de pacotes de dados para os nós pretendidos, criando uma topologia dinâmica.

^ As MANET funcionam geralmente com ligações de largura de banda limitada e capacidade variável. Isto conduz a erros de bits elevados, a uma largura de banda reduzida, a ligações instáveis e assimétricas e, por conseguinte, a problemas de congestionamento.

A conservação de energia desempenha um papel fundamental nas MANET, uma vez que os nós envolvidos nesta rede utilizam geralmente baterias/fontes de energia que já não podem ser utilizadas, colocando as MANET numa situação de restrição energética.

Por último, as redes móveis sem fios são mais vulneráveis a escutas e intercepções. O controlo da rede aumentará a robustez da falha, em vez da dispersão centralizada da rede [2].

Aplicações MANET

A natureza auto-configurável, fácil de implantar, descentralizada e independente de infra-estruturas das MANET presta-se perfeitamente à comunicação.

- Anteriormente, as MANET eram utilizadas para aplicações de comunicações militares em que as unidades de dados/soldados armados são colocados no campo de batalha, como aviões de combate, navios-tanque, barcos com mísseis, etc., independentemente da sua localização e situação no ar, no mar ou em terra.
- As MANET são frequentemente instaladas em locais onde a infraestrutura de comunicações fixas foi destruída ou em situações em que é impossível ocorrerem terramotos, inundações, incêndios, explosões, acidentes de avião ou catástrofes naturais.
- As MANET desempenham um papel importante no controlo e vigilância de multidões.
- A flexibilidade das MANET incentivou a sua utilização em aplicações empresariais, como conferências, transferência de ficheiros e aplicações Web, bem como na domótica, por exemplo, para trancar e destrancar portas e controlar a iluminação à distância.
- Outras aplicações incluem a simplificação dos procedimentos de desalfandegamento e a gestão do tráfego [3, 4].

- As aplicações HTTP das MANET incluem muitas aplicações Web utilizadas por pessoas em diferentes domínios e organizações.

  Por exemplo: os estudantes de uma universidade utilizam pedidos HTTP para aceder às suas páginas de ensino, os passageiros utilizam aplicações Web para reservar os seus bilhetes.

PROTOCOLOS DE ENCAMINHAMENTO AD HOC :

Os protocolos de encaminhamento são geralmente utilizados para determinar rotas de acordo com um conjunto de regras que permitem que dois ou mais dispositivos comuniquem entre si. Numa rede ad hoc, as rotas entre nós são possíveis utilizando múltiplos saltos, porque o alcance de propagação do rádio sem fios é limitado [5]. Os nós que transportam pacotes através da MANET não conhecem a topologia da rede. Os protocolos de encaminhamento descobrem a topologia recebendo mensagens de difusão dos seus nós vizinhos na rede e reagindo em conformidade. Os protocolos de encaminhamento são classificados com base em diferentes estratégias de encaminhamento.

- Os algoritmos puros de vetor de distância são seguidos pelo Distributed Bellman Ford e pelo Routing Internet Protocol. Devido aos maus resultados destes algoritmos, foram propostos novos protocolos para melhorar os algoritmos actuais, como o Least Resistance Routing (LRR), o Distance Sequence Distance Vetor (DSDV) e o Wireless Routing Protocol (WRP).

- Os algoritmos de estado de ligação são utilizados nos protocolos Fisheye State Routing (FSR), Global State Routing (GSR), Optimized Link State Routing (OLSR), Source Tree Adaptive Routing (STAR) e outros.

- Os protocolos de encaminhamento a pedido encontram rotas a pedido, ou seja, quando o tráfego chega ao protocolo e precisa de ser encaminhado. Não são configuradas rotas prévias e não há necessidade de troca frequente de tabelas de encaminhamento. Um pacote de pedido de rota é utilizado pela fonte para encontrar uma rota antes de a chamada ser iniciada. A melhor rota é encontrada por um algoritmo de seleção de rotas. Vários protocolos seguem esta estratégia, por exemplo, Ad Hoc On-Demand Distance Vetor (AODV), Dynamic Source Routing (DSR), Temporarily Ordered Routing Algorithm (TORA), Lightweight Mobile Routing (LMR), etc.

- Global Positioning System (GPS) neste algoritmo de encaminhamento Os protocolos utilizam a posição dos nós quando os pacotes são percorridos. Os protocolos que utilizam este algoritmo de encaminhamento são o FORP (Flow Oriented Routing Protocol), o efeito de encaminhamento remoto

  Mobility algorithm (DREAM), Greedy Perimeter Stateless Routing (GPSR) [5].

Capítulo 4

4.1 APRESENTAÇÃO DOS PROTOCOLOS DE ENCAMINHAMENTO

4.1.1 Protocolos de encaminhamento proactivos (controlados por tabelas)

Os protocolos de encaminhamento proactivos gerem as informações de encaminhamento de todos os nós em causa e actualizam as suas informações de encaminhamento frequentemente, independentemente dos pedidos de encaminhamento. Os protocolos de encaminhamento proactivos enviam mensagens de controlo a todos os nós e actualizam as suas informações de encaminhamento mesmo que não haja qualquer pedido de encaminhamento em curso. Isto torna os protocolos de encaminhamento proactivos ineficientes em termos de largura de banda, embora o encaminhamento em si seja simples se as informações de encaminhamento forem actualizadas antecipadamente. A maior desvantagem dos protocolos proactivos é a carga pesada que resulta da necessidade de inundar a rede com mensagens de controlo [6].

4.1.2 Protocolos de reagentes (a pedido)

Os protocolos reactivos apenas constroem rotas quando estas são necessárias. Ao contrário dos protocolos pró-activos, estes protocolos não actualizam frequentemente as suas informações de encaminhamento e não gerem informações sobre a topologia da rede. Os protocolos reactivos utilizam o processo de estabelecimento de ligação para a comunicação [7].

Estes protocolos reactivos têm algumas desvantagens, como a elevada latência na pesquisa da rede. Se ocorrer uma inundação excessiva da rede com pacotes de pedido de rotas durante a pesquisa de rotas, isto pode levar ao congestionamento da rede [8].

4.2 Protocolo de encaminhamento de fonte dinâmica (DSR)

O Dynamic Source Routing (DSR) é um protocolo reativo, conhecido pela sua simplicidade e eficiência, especificamente concebido para redes ad hoc móveis com várias estações. É frequentemente referido como um protocolo de encaminhamento "a pedido", uma vez que determina o encaminhamento a pedido, ao contrário dos protocolos de encaminhamento proactivos que dispõem de informações regulares sobre a rede. O DSR desempenha um papel fundamental na determinação e manutenção automática do conjunto de encaminhamento, uma vez que o número de saltos necessários muda em qualquer altura e os nós móveis envolvidos podem sair ou voltar a entrar na rede. O protocolo DSR tem dois mecanismos principais para estabelecer o processo de encaminhamento. São eles a determinação e a manutenção de rotas [16].

4.2.1 Descobrir o itinerário

A determinação da rota é o processo utilizado pelo DSR para encontrar a rota e transmitir dados de uma fonte para um destino quando o nó de origem não conhece a rota de destino. Por exemplo, na figura 4.2.1,

Suponhamos que o nó "Y" quer estabelecer uma ligação com o nó "I".

O nó inicial "Y" envia "RREQ" (Route Request) e é normalmente recebido por todos os nós participantes na rede.

Este pedido de itinerário contém informações sobre a origem e o destino, bem como um identificador de pedido único (id = 1 ou id = 2 na ilustração em questão).

O ^RREQ contém ainda informações sobre todos os nós intermédios que passaram no caminho para o destino.

Assim que o nó de destino recebe o pacote RREQ, envia o pacote RREP (Reply Route) para o nó de origem "Y".

O "RREP" contém uma cópia da informação de rota do RREQ e, em seguida, a informação da cache de origem que será utilizada para o resto do processo de comunicação[16].

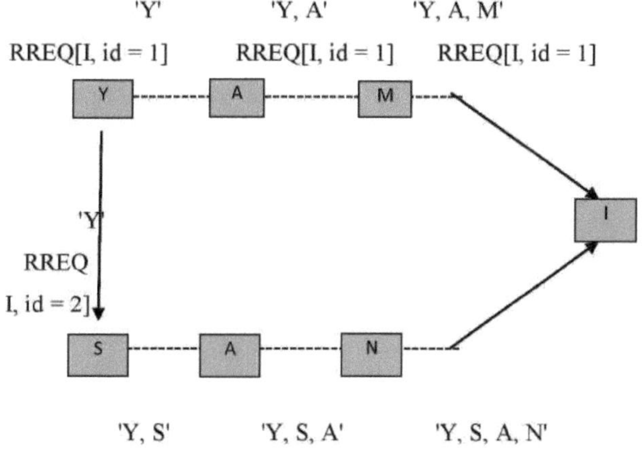

Figura 4.1.1 Processo de determinação do itinerário

4.2. 2 Manutenção dos itinerários

O protocolo DSR implementa um mecanismo de manutenção da rota enquanto os pacotes estão a ser transmitidos da origem para o destino. No entanto, se a ligação de comunicação entre a origem e o destino for interrompida ou se for detectada uma alteração na topologia da rede. Isto provoca uma falha de comunicação entre os nós de origem e de destino. Neste cenário, os protocolos DSR utilizam o mecanismo de encaminhamento para detetar qualquer outra rota conhecida possível para o destino, a fim de transmitir dados. Se a gestão de rotas não conseguir encontrar outra rota conhecida para estabelecer a comunicação, a determinação de rotas é chamada para encontrar a nova rota para o destino [16].

Desvantagem:-

Uma das principais desvantagens do protocolo DSR é a implementação do processo de procura de rota. A fonte envia mensagens RREQ a todos os nós vizinhos para encontrar a rota para o destino. Isto é justo e bom se houver apenas alguns nós na rede, pois a fonte encontrará facilmente uma rota e poderá receber uma mensagem RREP do destino desejado. No entanto, se a rede for muito grande e houver muitos nós participantes, pode haver muitas rotas para o destino. Isto pode levar a tempestades de resposta, que podem causar colisões de pacotes e aumentar a sobrecarga dos nós ao enviar a resposta[17].

4.3 Protocolo de encaminhamento optimizado do estado da ligação (OLSR)

O protocolo OSLR é um protocolo proactivo utilizado em redes ad hoc móveis. É frequentemente referido como um protocolo orientado para a tabela, uma vez que mantém e actualiza frequentemente a sua tabela de encaminhamento.

O OLSR troca sempre informações sobre a topologia com outros nós. Um pequeno número de nós é escolhido como MPRs (Multi Point Relays). Os MPRs são responsáveis pela transmissão de mensagens de difusão durante a inundação e pela geração de informações sobre o estado da ligação. A técnica MPR utilizada no protocolo OLSR reduz a sobrecarga de mensagens e minimiza mesmo o número de mensagens de controlo que são inundadas na rede.

Os nós obtêm informações sobre os seus vizinhos e MPRs enviando e recebendo mensagens HELLO dos seus vizinhos. Isto ajuda a determinar o estabelecimento da ligação, como mostra a figura 4.3.3.

- O nó N1 envia a mensagem HELLO ao nó N2 e a mensagem recebida pelo nó N2 do nó N1 pode ser descrita como uma ligação assimétrica.
- Se esta mensagem HELLO for enviada de volta pelo nó N2 para o nó N1, a ligação resultante é mesmo descrita como uma ligação assimétrica.
- A ligação bidirecional resultante é designada por ligação simétrica.
- As ligações simétricas ajudam os nós a escolher as MPR.

- ^ Os MPR enviam mensagens de controlo da topologia (TC), que contêm informações sobre o estado da ligação e informações sobre os nós MRP [18].

4.4 Vetor de distância Ad Hoc On Demand (AODV)

Os nós móveis na rede ad hoc são dinâmicos e utilizam o encaminhamento multi-hop utilizando o algoritmo Ad-hoc On-Demand Distance Vetor. O AODV não armazena rotas, exceto se for solicitada uma rota.

Os nós móveis reagem às alterações da topologia da rede e às falhas de ligação nos momentos adequados. Se uma ligação se perder, os nós defeituosos correspondentes são notificados por uma mensagem, e os nós em causa retomam então as rotas através da ligação perdida. Desta forma, o AODV pode evitar o problema de Bellman-Ford de "contagem até ao infinito", e o seu funcionamento é descrito como isento de ciclos.

O AODV utiliza números de sequência de destino (DSN) para cada entrada de rota. Estes DSNs e a informação de rota correspondente devem ser tidos em conta pelos nós quando procuram rotas para os nós de destino. As rotas com o DSN mais elevado têm preferência na seleção da rota para o destino.

O AODV utiliza os tipos de mensagem Route Request (RREQ), Route Replies (RREP) e Route Error (RERR) para encontrar a rota da origem ao destino utilizando pacotes UDP (User Datagram Protocol) [19].

Um protocolo AODV típico procede da seguinte forma para o encaminhamento.

> Um nó de origem que pretenda comunicar com um destino utiliza geralmente o RREQ, que contém o endereço de origem e o ID de difusão, para que os seus nós vizinhos encontrem a rota para o destino,

> Este identificador de difusão é incrementado com cada novo RREQ. Assim que um vizinho se apercebe de uma rota de destino, responde com um RREP à fonte

> Se a rota de destino não for encontrada, o RREQ é retransmitido para os nós vizinhos correspondentes, aumentando o número de saltos.

> Um nó que participe na comunicação pode receber as muitas cópias dos pacotes de difusão no pool de envio de todos os nós correspondentes.

> Em seguida, o nó verifica o ID de difusão do pedido; se o ID de difusão for novo e ainda não tiver sido recebido por um determinado nó, então processa o pedido; caso contrário, o nó descarta o RREQ supérfluo e evita a retransmissão [14].

5 TCP E HTTP

5.1 Protocolo de controlo de transmissão

O TCP (Transmission Control Protocol) faz parte do nível de transporte do modelo de referência OSI. A camada de transporte é responsável pela transmissão de dados. O controlo do fluxo, o controlo de erros e a divisão dos dados da aplicação em segmentos adequados às camadas inferiores são efectuados pela camada de transporte.

O TCP utiliza uma ligação virtual. Isto significa que é estabelecida uma ligação lógica antes de os dados serem transmitidos. O TCP funciona a um nível mais elevado com sistemas finais, como navegadores e servidores Web. As aplicações TCP incluem FTP, HTTP, streaming media e correio eletrónico.

Ao transmitir dados, o TCP utiliza consultas para pacotes perdidos e reorganiza os pacotes fora de ordem, minimizando o congestionamento da rede. Isto torna o TCP eficiente para a entrega exacta de pacotes. No entanto, provoca por vezes grandes atrasos, normalmente da ordem dos segundos, quando são enviados pedidos de pacotes perdidos [20].

5.2 Tráfego Web (HTTP)

O Protocolo de Transferência de Hipertexto (HTTP) desempenha um papel fundamental na comunicação entre os navegadores Web e os servidores Web, uma vez que garante a segurança das comunicações, impedindo a interceção e a falsificação. As normas HTTP não se limitam à troca de informações fixas. Podem armazenar e trocar qualquer tipo de informação. A linguagem de marcação de hipertexto (HTML) fornece um conjunto de regras para a criação de páginas Web, enquanto o HTTP é capaz de transmitir instruções de impressão, objectos multimédia, ficheiros de programas e muito mais. O HTTP serviu de base a todos os sistemas de processamento de dados em rede, com a utilização generalizada de navegadores Web e a ubiquidade e flexibilidade da Internet. A comunicação na Internet envolve vários protocolos, cada um limitado à sua própria camada e desempenhando as suas próprias funções. O HTTP é um protocolo de aplicação localizado na camada de aplicação. A Figura 5.1 mostra as camadas envolvidas na comunicação

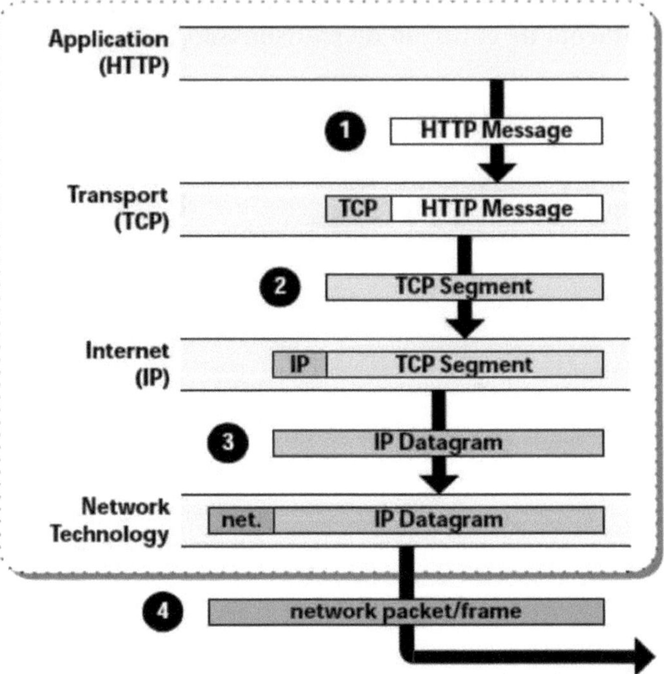

Figura 5.1 Quatro camadas de protocolo utilizadas nos intercâmbios HTTP pelos navegadores Web [21].

O HTTP segue o procedimento de transmissão de dados ilustrado na Figura 5.1. Em geral, tem dois sistemas de comunicação. O primeiro sistema de comunicação é o navegador Web (ver figura 5.1) e o segundo sistema de comunicação é o servidor Web (ver figura 5.2).

Quando uma aplicação HTTP na camada de aplicação necessita de transmitir uma mensagem, esta é sucessivamente passada para os protocolos da camada inferior, nomeadamente o Protocolo de Transporte (TCP), o Protocolo Internet (IP) e a Tecnologia de Rede, como mostra a Figura 5.1, até sair do sistema. O HTTP constrói a mensagem a transmitir e depois encaminha-a para o TCP, onde a mensagem é processada com determinada informação e é criado um segmento TCP. Este segmento TCP actua como um envelope para a mensagem construída pelo HTTP. Este envelope garante que a mensagem é transmitida e, em seguida, o segmento TCP é passado para a camada IP, onde o processo IP acrescenta informações adicionais ao segmento TCP atual. O resultado é outro

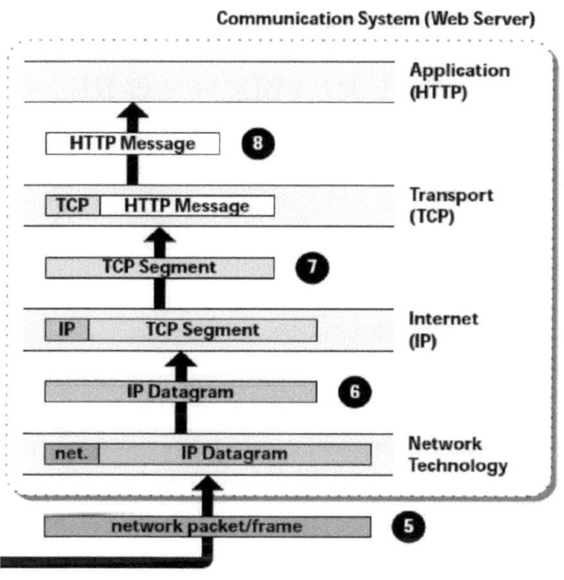

Figure 3.2 Four protocols layers used in HTTP exchange by Web Server [21]

Esta mensagem HTTP passa então através da pilha de protocolos da camada inferior para a camada de aplicação do servidor Web até chegar à camada de aplicação, onde todas as informações relevantes na mensagem HTTP são removidas das respectivas camadas de protocolo. Os pacotes de rede são transmitidos como datagramas IP, convertidos em segmentos TCP e a mensagem HTTP chega finalmente à camada de aplicação HTTP. A Figura 5.2 apresenta uma representação pictórica do sistema de comunicação do servidor Web [21].

Capítulo 6

6 PLANEAMENTO E REALIZAÇÃO DE SIMULAÇÕES

A conceção de uma rede eficiente desempenha um papel importante no mundo atual, sendo mesmo essencial verificar o desempenho da rede concebida, o que é uma tarefa difícil numa aplicação em tempo real. Os mais conhecidos são o OPNET (Optimized Network Engineering Tool) Modeler e o NS2 (Network Simulator). O OPNET Modeler não é um produto de código aberto, mas requer uma licença para ser acessível. Oferece uma interface gráfica de utilizador e é composto por modelos, protocolos e algoritmos predefinidos, além de fornecer suporte com documentação completa. O NS2 é uma ferramenta de simulação de fonte aberta, uma combinação de C++ e Otcl com menos apoio documental, utilizada especificamente por programadores [22].

6.1 Plataforma de simulação

O OPNET (Optimized Network Engineering Tool) Modeler 14.5 é utilizado para a conceção e implementação da nossa tese. O OPNET é um simulador de rede que proporciona um ambiente virtual de comunicação em rede. É ideal para estudos de investigação, modelação e engenharia de redes, trabalhos de investigação e desenvolvimento e análise de desempenho. No mundo técnico emergente de hoje, o OPNET desempenha um papel fundamental no desenvolvimento e aperfeiçoamento de protocolos para tecnologias sem fios como WiMAX, WiFi, UMTS, etc., na conceção de protocolos de encaminhamento de MANET, no trabalho sobre novos sistemas de gestão de energia para redes de sensores e no aperfeiçoamento de tecnologias de rede como IPv6, MPLS, etc. [23].

6.2 Porquê utilizar o OPNET Modeler?

- Fornece um ambiente virtual em tempo real com GUI.
- Adequado para estudar o desempenho dos sistemas existentes com base nas condições de utilização.

Útil para avaliar projectos que envolvam novos modelos e arquitecturas de rede

- Compreender facilmente como a rede se comporta em diferentes cenários.
- Estão disponíveis modelos e desenhos de rede predefinidos para formação e desenvolvimento do utilizador.
- Interface gráfica simples e altamente flexível para apresentação dos resultados.

O OPNET é fiável, robusto e eficiente.

6.3 Como é que o OPNET funciona?

O trabalho do OPNET divide-se geralmente em quatro partes: conceção do modelo, aplicação das estatísticas, execução da simulação e visualização e análise dos resultados; se os resultados não forem corretos, é necessário remodelar o modelo e aplicar novas estatísticas. O fluxo de trabalho básico do OPNET é ilustrado pelo fluxograma da Figura 6.1.

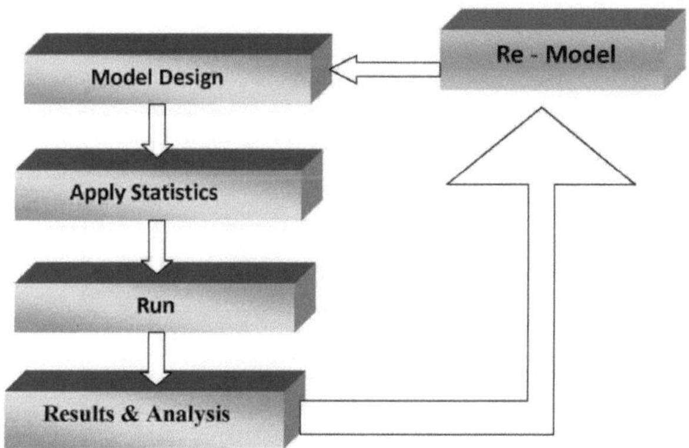

Figura 4.1 Fluxo de trabalho do OPNET

6.4 Conceção do modelo

Para projetar o modelo, primeiro precisamos iniciar o OPNET Modeler e, em seguida, criar um cenário vazio a partir do assistente de inicialização, que veremos em breve no espaço de trabalho. Aqui, no espaço de trabalho, projetaremos nossa rede usando as entidades de rede necessárias para nosso projeto. Todas as entidades necessárias, como a configuração da aplicação, a configuração do perfil, a configuração da mobilidade, os servidores, os nós - estas entidades serão transferidas da paleta de objectos para o nosso espaço de trabalho do projeto. Um exemplo de um modelo de rede projetado através do espaço de trabalho é mostrado na Figura 6.2.

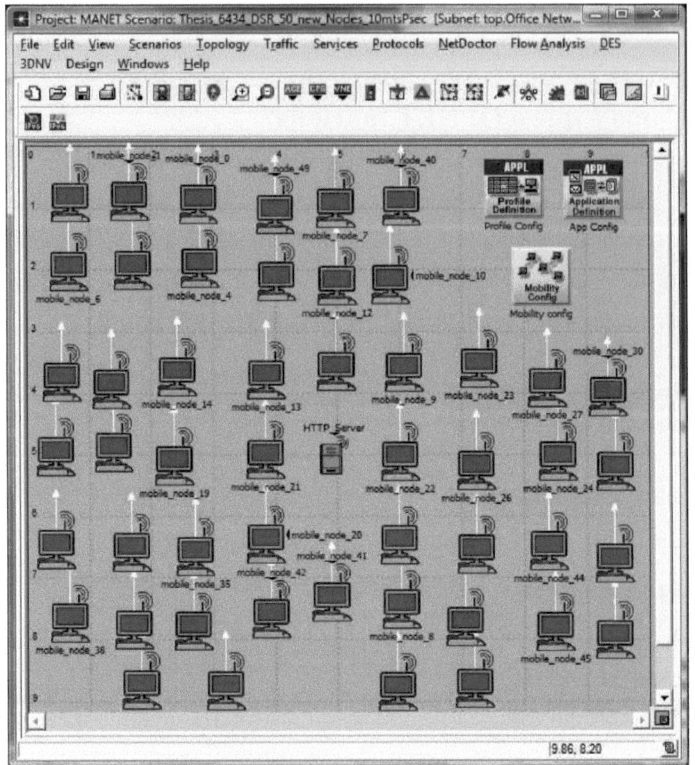

Figura 6.2 Exemplo de conceção de um modelo de rede MANET de 50 nós Cenário com unidades de rede

6.5 Configuração da aplicação

A configuração da aplicação é utilizada para especificar/selecionar a aplicação pretendida de entre as aplicações disponíveis, tais como FTP, HTTP, correio eletrónico, base de dados, impressão, etc. Podemos criar um nome para a nossa escolha e fornecer a descrição correspondente quando criamos uma nova aplicação. Neste trabalho, utilizámos duas aplicações Web: HTTP para navegação intensa e navegação ligeira.

6.6 Configuração do perfil

A configuração de perfis é utilizada para criar perfis de utilizador. Estes perfis podem ser definidos em diferentes nós da rede que devem gerar tráfego de aplicações. Durante a configuração do perfil, são utilizadas as aplicações definidas na configuração da aplicação. Neste trabalho, criámos dois perfis, HTTP Heavy e HTTP Light, com base nas aplicações que selecionámos na configuração de aplicações. Estes perfis permitem-nos restringir os nós a um perfil atribuído, com base nos requisitos de conceção do utilizador.

6.7 Configuração da mobilidade

A configuração da mobilidade é utilizada para especificar o modelo de mobilidade para os nós na rede e fornece parâmetros que controlam o movimento dos nós, tais como velocidade, hora de início, hora de paragem, etc. Neste trabalho, escolhemos uma velocidade de 10 m/s e 28 m/s, com base nos requisitos do nosso cenário de simulação. Neste trabalho, escolhemos uma velocidade de 10 m/s e 28 m/s, com base nos requisitos do nosso cenário de simulação. O tempo de arranque é de 10 segundos, os nós móveis têm uma trajetória de movimento máxima de 500 metros e não tivemos em conta o tempo de pausa. Optámos por uma mobilidade aleatória de waypoints, uma vez que garante que os nós móveis são configurados com mobilidade, que é um modelo de mobilidade muito utilizado nas redes ad hoc.

6.8 Servidor

Este é um nó de servidor WLAN móvel com aplicações executadas via TCP. Suporta uma norma IEEE 802.11 e uma ligação de 2 Mbps. No servidor, podemos definir os serviços suportados com base nos perfis de utilizador, que podem suportar FTP, correio eletrónico e HTTP, etc. no cliente. No nosso trabalho, definimos HTTP como os serviços suportados no servidor, uma vez que os nossos clientes dependem de perfis HTTP.

6.9 Nós de comunicação

Os nós são estações de trabalho com aplicações cliente-servidor que funcionam através de TCP/IP e UDP/IP. Isto suporta a ligação WLAN subjacente a 1 Mbps, 2 Mbps, 5,5 Mbps e 11 Mbps. Aqui podemos definir o caminho para os nós ao conceber o modelo, uma vez que escolhemos o caminho VECTOR para a conceção do nosso modelo. E podemos atribuir o protocolo de encaminhamento a ser utilizado pelos nós para o encaminhamento. No nosso trabalho, utilizámos os protocolos de encaminhamento DSR, OLSR e AODV. Na nossa conceção, podemos definir a hora de início e a hora de fim. A hora de início é escolhida para começar no início da simulação e a hora de fim é escolhida para terminar no fim da simulação. Podemos especificar o perfil de mobilidade definido na configuração de mobilidade para modelar a mobilidade dos nós. Na nossa conceção, definimos um modelo de mobilidade com pontos de passagem aleatórios. Em geral, os nós móveis de uma rede movem-se aleatoriamente e adoptam destinos aleatórios, pelo que o modelo de mobilidade aleatória é mais adequado para estudos de simulação.

6.10 Aplicação de estatísticas

Para especificar as estatísticas a recolher durante uma simulação de eventos discretos, é necessário selecionar a opção "Selecionar estatísticas DES individuais" no menu pop-up da área de trabalho. Existem dois tipos de estatísticas que devem ser aplicadas a um modelo concebido: estatísticas globais ou de todo o cenário e estatísticas de objeto. As estatísticas globais são recolhidas para todo o modelo de rede concebido, enquanto as estatísticas de objectos são recolhidas para cada nó. Estas estatísticas podem ser aplicadas a um modelo de rede de acordo com as necessidades de conceção do utilizador. Na nossa conceção, escolhemos para a nossa análise estatísticas globais para a LAN sem fios, que incluem o atraso, o débito e o atraso TCP, de modo a analisar o desempenho dos protocolos escolhidos nos nossos cenários modelados.

Capítulo 7

RESULTADOS E ANÁLISE

7.1 Categoria 1

7.1.1 Impacto da escalabilidade no desempenho dos protocolos de encaminhamento de MANET

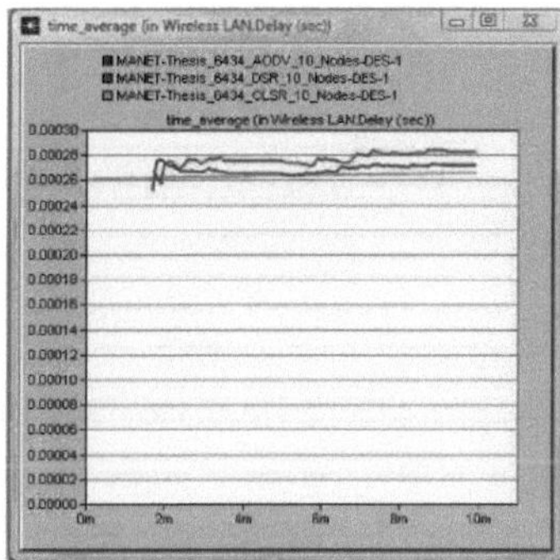

Fig 7.1 Delay for DSR, OLSR and AODV 10 nodes

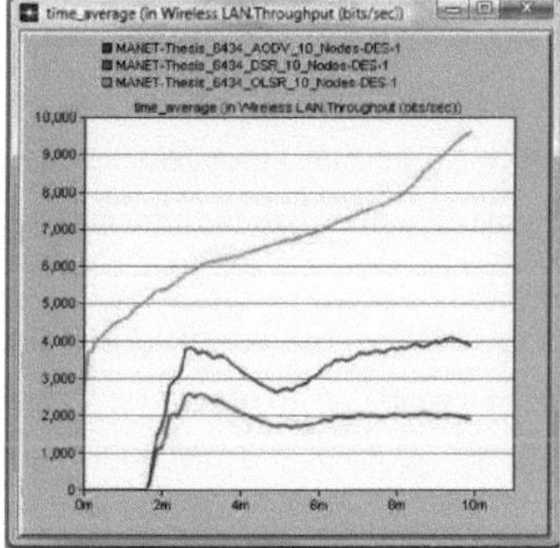

Fig 7.2 Throughput for DSR, OLSR and AODV with 10 nodes.

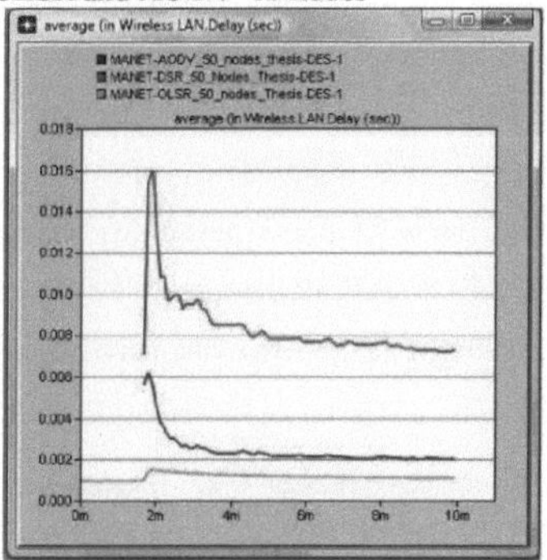

Fig 7.3: Delay for DSR, OLSR and AODV with 50 nodes

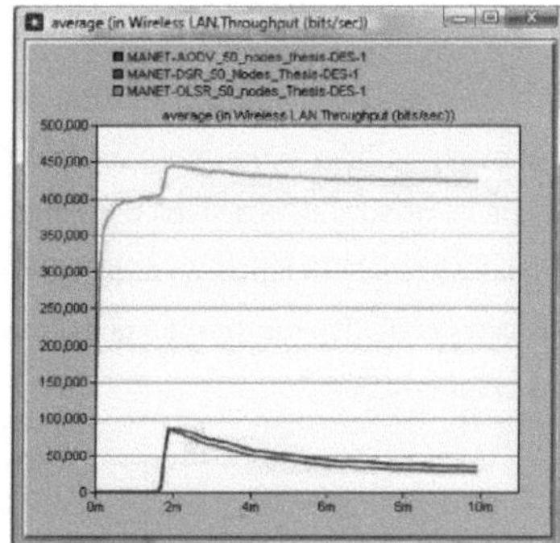

Fig 7.4: Throughput for DSR, OLSR and AODV with 50 nodes.

Neste cenário, o ambiente de simulação é modelado no OPNET 14.5 Modeler com os protocolos de encaminhamento DSR, OLSR e AODV. O desempenho dos protocolos é medido em termos dos parâmetros throughput e delay. O tempo médio que um pacote demora a atravessar a rede é designado por atraso, enquanto a quantidade total de dados recebidos pelo recetor desde o remetente até ao final da transmissão do último pacote é designada por débito.

A fim de observar o impacto da escalabilidade dos protocolos de encaminhamento MANET, desenvolvemos dois cenários de simulação. Cada cenário é composto por 10 e 50 nós, uma vez que ambos os cenários contêm um número baixo e um número elevado de nós. Estes cenários podem ser utilizados para estudar a nossa análise utilizando os protocolos de encaminhamento DSR, OLSR e AODV numa área de campus de 1000 metros x 1000 metros.

Em primeiro lugar, desenvolve-se o primeiro cenário com 10 nós e os protocolos de encaminhamento DSR, OLSR e AODV para analisar o seu desempenho no tráfego HTTP. Uma vez concluída a construção da simulação, o modelo concebido é simulado durante 10 minutos e os resultados são recolhidos.

Na Figura 7.1, vemos que os resultados da simulação para 10 nós para os protocolos reactivos DSR e AODV mostram um atraso bastante grande em comparação com o protocolo proactivo OLSR, porque os protocolos reactivos utilizam memória cache, o que leva a um atraso maior.

Na Figura 7.2, os resultados da simulação para 10 nós para os protocolos DSR, OLSR e AODV através de tráfego HTTP mostram que o rendimento do protocolo de encaminhamento OLSR é superior ao dos protocolos de encaminhamento DSR e AODV, porque o protocolo OLSR é independente do tráfego e da densidade da rede, em comparação com os protocolos reactivos DSR e AODV.

Os protocolos de encaminhamento reativo DSR e AODV têm um atraso maior em comparação com o protocolo de encaminhamento proactivo OLSR, porque os protocolos reactivos enviam normalmente pedidos de encaminhamento dos nós de origem através da rede e aguardam respostas, pelo que os protocolos reactivos têm um atraso bastante grande. O atraso elevado do protocolo de encaminhamento DSR em comparação com os protocolos AODV e OLSR deve-se à elevada dimensão dos pacotes no DSR, o que resulta num grande pacote de sobrecarga de encaminhamento na carga útil dos pacotes no DSR.

O segundo cenário é desenvolvido com 50 nós utilizando os protocolos de encaminhamento DSR, OLSR e AODV no tráfego HTTP. O modelo concebido é simulado durante 10 minutos e, em seguida, os resultados são recolhidos para analisar os parâmetros de atraso e débito.

Figura 7.3. O resultado da simulação para os 50 nós mostra que o protocolo OLSR tem um atraso praticamente constante, enquanto o protocolo DSR tem um atraso maior do que os protocolos AODV e OLSR. Inicialmente, regista-se um aumento agressivo no protocolo DSR em comparação com o protocolo AODV, mas depois o atraso diminui gradualmente tanto para o protocolo DSR como para o protocolo AODV, deixando de apresentar diferenças significativas. O melhor desempenho do protocolo reativo AODV em comparação com o protocolo reativo DSR pode ser explicado pelo facto de o protocolo AODV iniciar salto a salto à medida que o número de fontes aumenta, o que resulta num atraso menor para o AODV do que para o protocolo DSR. O atraso quase constante do protocolo OLSR pode ser explicado pela sua natureza proactiva. A manutenção e atualização regulares da tabela de encaminhamento do OLSR ajudam-no a utilizar eficazmente as rotas disponíveis, e a baixa latência do processo de descoberta de rotas resulta num atraso reduzido do OLSR.

No que respeita à taxa de transferência, a Figura 7.4 mostra que os protocolos DSR e AODV têm uma taxa de transferência inferior à do protocolo de encaminhamento OLSR. O elevado valor da taxa de transferência do protocolo OLSR é explicado pela sua natureza proactiva. Mantém e actualiza sempre as suas informações de encaminhamento com todos os nós participantes na rede, reduzindo assim as despesas gerais. E a independência do tráfego e da densidade da rede também permite que o OLSR aumente a taxa de transferência.

7.2 Categoria 2

7.2.1 Efeitos da carga da rede no desempenho do protocolo de encaminhamento MANET

Neste cenário, o ambiente de simulação é modelado no OPNET 14.5, utilizando os protocolos de encaminhamento DSR, OLSR e AODV para analisar o desempenho do protocolo escolhido sob diferentes cargas de rede.

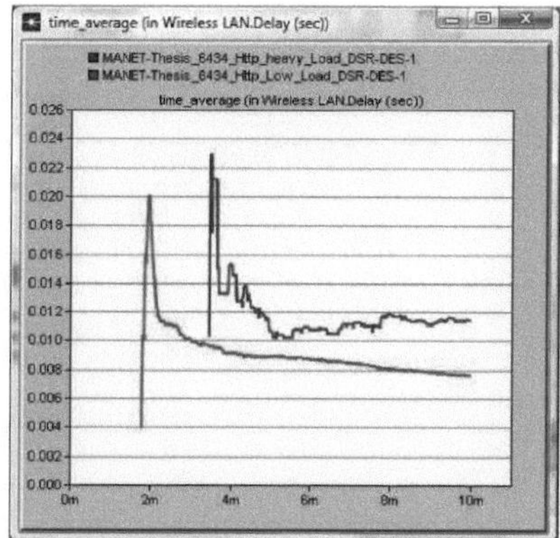

Fig 7.5: Delay for DSR protocol over HTTP heavy load and low load.

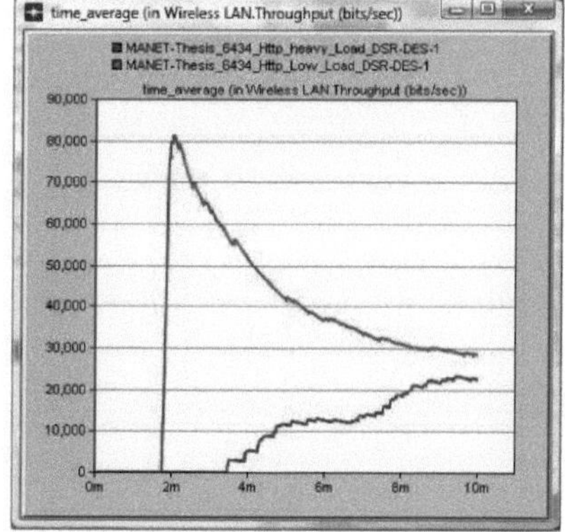

Fig 7.6: Throughput for DSR protocol over HTTP heavy load and low load.

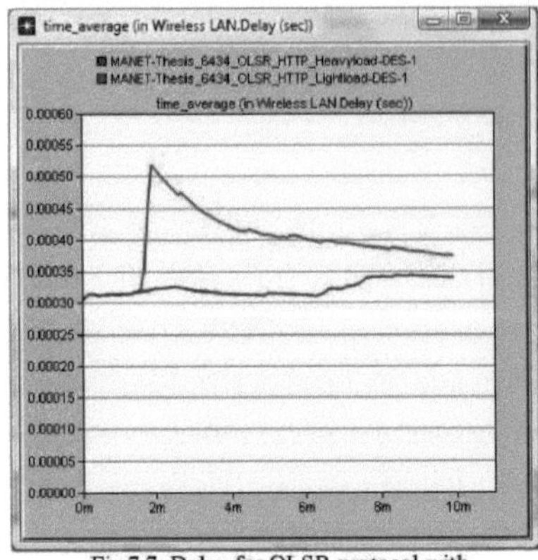

Fig 7.7: Delay for OLSR protocol with heavy load and low load

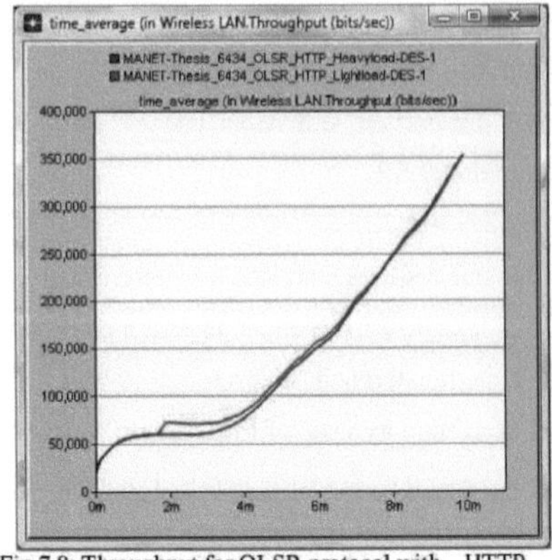

Fig 7.8: Throughput for OLSR protocol with HTTP HTTP heavy load and low load

No ambiente de simulação, são desenvolvidos dois cenários com dois perfis diferentes: Tráfego HTTP de alta carga e tráfego HTTP de baixa carga. Isto significa que o número de pedidos HTTP efectuados pelos utilizadores na rede concebida é maior para o tráfego HTTP de alta carga do que para o tráfego HTTP de baixa carga, foram considerados 50 nós em cada cenário a uma velocidade constante de 10 metros/segundo (M/S) e o tempo de pausa não é tido em conta na análise do desempenho dos protocolos neste ambiente de rede, sendo fixado num valor constante [0]. De seguida, observa-se o desempenho de cada protocolo sob duas cargas diferentes, utilizando os parâmetros de desempenho throughput e delay, e analisa-se o comportamento dos protocolos.

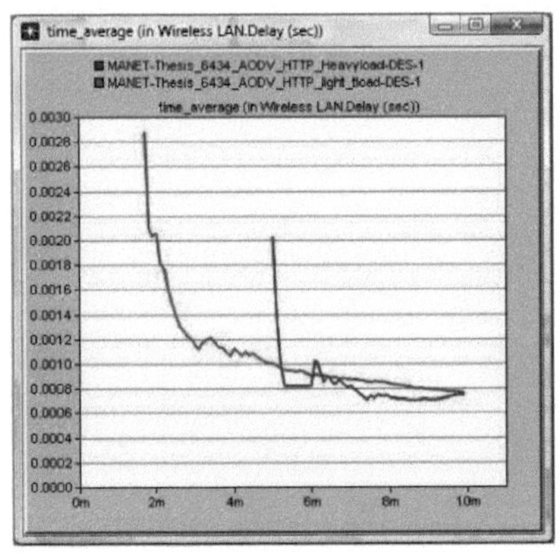

Fig 7.9: Delay for AODV protocol with HTTP heavy load and low load

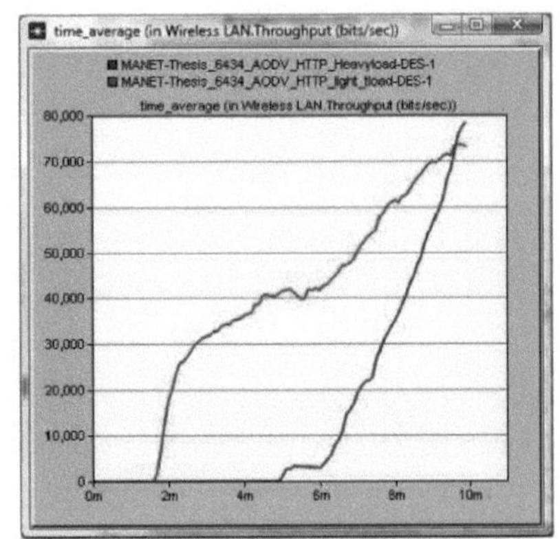

Fig 7.10: Throughput for AODV protocol with HTTP heavy load and low load

Desempenho do protocolo DSR em função da carga da rede

Para começar, o ambiente de simulação é modelado com o protocolo DSR de acordo com as condições de rede mencionadas acima. Na Figura 7.5, vemos o atraso do protocolo DSR tanto para o tráfego HTTP de alta carga como para o tráfego HTTP de baixa carga. O protocolo DSR tem um atraso maior para o tráfego HTTP de alta carga do que para o tráfego HTTP de baixa carga. O atraso inicial do protocolo DSR é bastante elevado tanto para o tráfego de alta como para o de baixa carga, uma vez que a sua natureza reactiva e ativa o obriga a encontrar rotas para a transmissão de dados e, quando recebe os dados para transmitir, isso provoca um atraso incremental. Em geral, o resultado da nossa simulação mostra que o DSR tem um atraso mais elevado com tráfego elevado do que com tráfego reduzido.

A Figura 7.6 mostra a taxa de transferência do protocolo DSR para tráfego HTTP de alta carga e tráfego HTTP de baixa carga. O protocolo DSR apresenta um débito mais elevado a baixa carga do que a alta carga. A baixa carga, o DSR apresenta um aumento agressivo no início, depois uma diminuição gradual e, por fim, mantém um débito constante, enquanto a alta carga, ao contrário do tráfego de baixa carga, o DSR apresenta um aumento gradual do débito e, por fim, mantém-se constante. De um modo geral, o débito da DSR é significativamente inferior para o tráfego HTTP de carga elevada do que para o tráfego HTTP de carga reduzida. Isto deve-se à alteração da topologia que o protocolo DSR sofre em caso de tráfego intenso, sendo possível observar novos destinos para onde encaminhar o tráfego, e mesmo a quebra de ligações existentes, normalmente o protocolo DSR mantém rotas em cache e, neste caso, o protocolo DSR encaminha o tráfego para as rotas obsoletas, Neste caso, o protocolo DSR direciona o tráfego para as rotas obsoletas, que foram criadas pela quebra de ligações, o que provoca uma perda significativa de pacotes, resultando numa diminuição do débito à medida que a carga da rede aumenta[25]. Além disso, implementará o processo de procura de rotas para estabelecer as novas rotas e, em seguida, efectuará novas transmissões, o que resulta num atraso excessivo.

Estes resultados de simulação, que se limitam às condições de rede acima referidas, mostram que o desempenho do protocolo DSR é fraco à medida que a carga de tráfego HTTP aumenta.

7.2.2 Desempenho do protocolo OLSR em função da carga da rede

Em segundo lugar, desenvolvemos um ambiente de simulação com 50 nós móveis que se deslocam a uma velocidade constante de 10 M/S. Utilizamos o mesmo número de nós móveis que na simulação. Como não temos em conta o tempo de pausa, definimo-lo como constante [0] e analisamos o desempenho do protocolo OLSR para duas cargas de rede diferentes, tráfego HTTP de alta carga e tráfego HTTP de baixa carga, utilizando as métricas de desempenho atraso e débito.

Na Figura 7.7, vemos o atraso para o protocolo OLSR em cargas HTTP altas e baixas. Os resultados das nossas simulações mostram que o protocolo OLSR apresenta muito pouca variação no atraso com cargas baixas e altas. A partir dos gráficos, podemos ver que o protocolo OLSR inicialmente tem um atraso menor em tráfego alto do que em tráfego baixo e, eventualmente, tem quase o mesmo atraso, com uma pequena diferença, tanto em tráfego alto quanto em tráfego baixo.

Na Figura 7.8, vemos a taxa de transferência do protocolo OLSR para uma carga HTTP alta e uma carga HTTP baixa. O resultado da nossa simulação mostra que o protocolo OLSR tem quase a mesma taxa de transferência, com pequenas variações para uma carga HTTP alta e uma carga HTTP baixa. Devido à sua natureza proactiva, o protocolo OLSR manterá e actualizará sempre a sua tabela de encaminhamento, o que ajudará o protocolo OLSR a manter-se a par do seu encaminhamento, de modo a encaminhar eficazmente o tráfego para o seu destino, apesar do aumento da carga da rede.

Os resultados da simulação do modelo concebido tendo em conta as condições acima referidas mostram que o protocolo OLSR apresenta um desempenho quase semelhante para cargas HTTP elevadas e baixas.

7.2.3 Desempenho do protocolo AODV em função da carga da rede

Por último, estamos a desenvolver um ambiente de simulação com 50 nós móveis que se deslocam a uma velocidade constante de 10 M/S. Precisamos também de um sistema operativo que permita aos utilizadores aceder aos dados. Uma vez que não temos em conta o tempo de pausa, fixamo-lo num valor constante [0] e analisamos o desempenho do protocolo AODV para duas cargas de rede diferentes, tráfego HTTP de alta carga e tráfego HTTP de baixa carga, utilizando as métricas de desempenho atraso e débito.

Na Figura 7.9, vemos o atraso do protocolo AODV para carga HTTP alta e carga HTTP baixa. Os resultados da nossa simulação mostram que o protocolo AODV tem um atraso menor com uma carga HTTP elevada do que com uma carga HTTP baixa. O atraso inicial do protocolo AODV é bastante elevado a uma carga HTTP baixa, enquanto o atraso do AODV diminui gradualmente e mantém um atraso constante tanto a uma carga HTTP elevada como a uma carga HTTP baixa.

A Figura 7.10 mostra a taxa de transferência do protocolo AODV para uma carga HTTP elevada e uma carga HTTP reduzida. O resultado da nossa simulação mostra que a taxa de transferência do protocolo AODV aumenta gradualmente com uma carga HTTP elevada e mesmo com uma carga HTTP reduzida. Por fim, podemos observar um rendimento elevado do protocolo AODV para uma carga HTTP elevada em comparação com uma carga HTTP reduzida.

Os resultados da simulação do AODV nas condições de rede acima referidas mostram que o AODV tem um melhor desempenho com uma carga HTTP elevada do que com uma carga HTTP reduzida. Ao contrário do DSR, o AODV não armazena rotas em cache e estabelece novas rotas se a topologia da rede mudar. Isto ajuda o AODV a evitar perdas excessivas de pacotes e atrasos, pelo que o AODV tem um melhor desempenho com uma carga HTTP elevada do que com uma carga HTTP baixa.

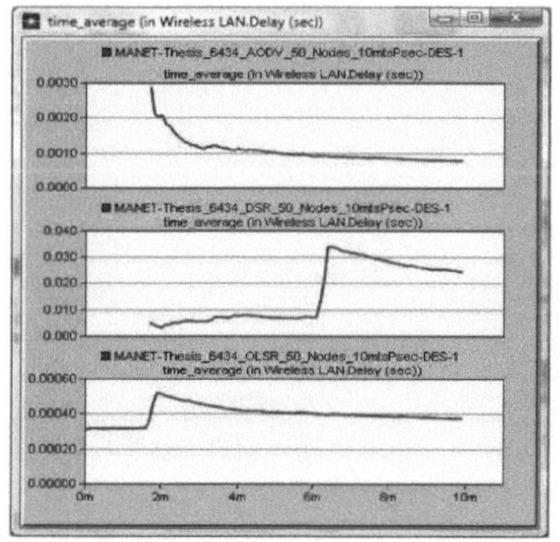

Fig 7.11: Delay for DSR, OLSR and AODV over 10 M/S speed.

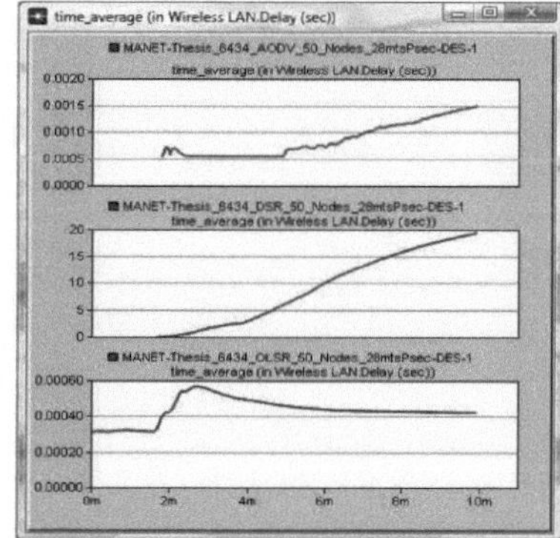

Fig 7.12: Delay for DSR, OLSR and AODV protocols over 28 M/S speed.

7.3 Categoria 3

7.3.1 Efeitos da mobilidade dos nós no desempenho dos protocolos de encaminhamento das MANET

Neste cenário, o ambiente de simulação é modelado no OPNET 14.5 Modeler utilizando os protocolos de encaminhamento DSR, OLSR e AODV para analisar o desempenho do protocolo escolhido em função de diferentes velocidades dos nós da rede através de tráfego HTTP.

A fim de observar o impacto da mobilidade nos protocolos de encaminhamento de MANET, foram desenvolvidos dois cenários de simulação. Cada cenário consiste em 50 nós móveis com uma velocidade de nó de 10 M/S ou 28 M/S utilizando os protocolos de encaminhamento DSR, OLSR e AODV numa área de campus de 1000 metros x 1000 metros.

Em primeiro lugar, foi desenvolvido um ambiente de simulação com 50 nós que se deslocam a uma velocidade de 10 M/S. Os resultados desta simulação são apresentados no quadro seguinte. De seguida, o desempenho dos protocolos DSR, OLSR e AODV é analisado utilizando as métricas de desempenho atraso e débito.

7.3.2 Análise da desaceleração para DSR, OLSR e AODV a velocidades de 10 m/s e 28 m/s

Na Figura 7.11 e na Figura 7.12, vemos o atraso para os protocolos DSR, OLSR e AODV para nós que se deslocam a 10 M/S e 28 M/S, respetivamente.

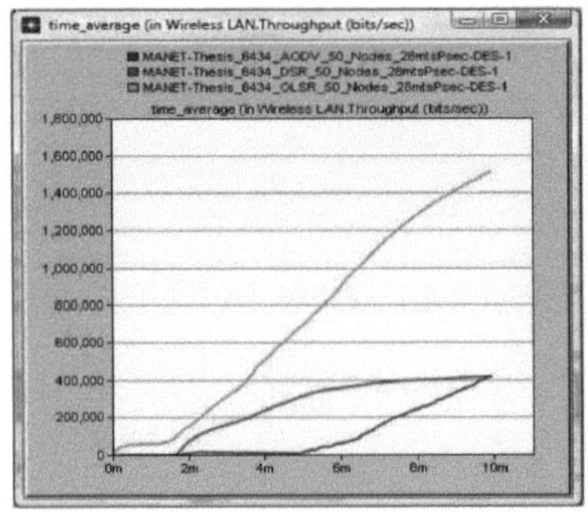

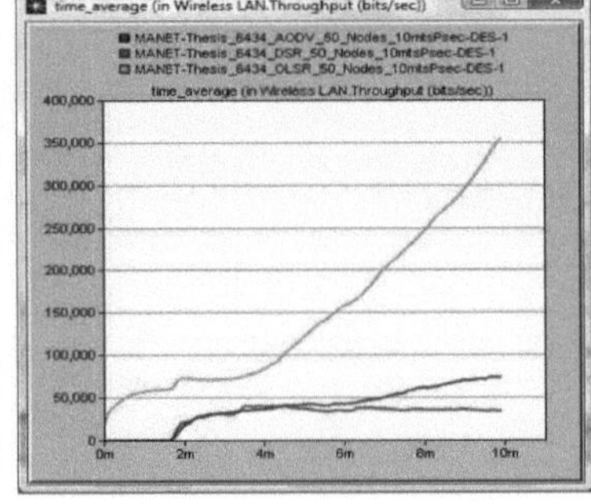

Fig 7.13: Throughput for DSR, OLSR and AODV protocols over 10 M/S speed.

Fig 7.14: Throughput for DSR, OLSR and AODV protocols over 28 M/S speed.

Comparando os gráficos, podemos ver que o atraso para o protocolo DSR aumenta gradualmente e depois permanece constante quando os nós se movem a uma velocidade de 10 M/s, enquanto o atraso para o protocolo DSR mostra um aumento muito acentuado no atraso para os nós que se movem a 28 M/s. Os nossos resultados de simulação mostram que o protocolo DSR tem atrasos mais baixos quando os nós se deslocam a baixas velocidades do que quando se deslocam a velocidades mais elevadas, o que resulta num fraco desempenho do protocolo DSR quando os nós da rede se deslocam a velocidades mais elevadas. Neste contexto, a mobilidade dos nós leva a uma mudança na posição do nó de destino. O protocolo inicia então o processo de manutenção de rotas para encontrar novas rotas quando se apercebe de alterações na topologia da rede. No entanto, devido à mobilidade de todos os nós envolvidos, pode não ser possível encontrar rotas alternativas para o destino através do mecanismo de manutenção de rotas. Por conseguinte, é implementado um mecanismo de recuperação de descoberta de rotas para encontrar novas rotas para os nós de destino para uma transmissão de dados eficiente, resultando num atraso mais longo para aumentar a velocidade dos nós.

Na Figura 7.11 e na Figura 7.12, vemos o atraso para o protocolo OLSR para nós que se deslocam a 10 M/S e 28 M/S, respetivamente.

Podemos ver que o atraso para o protocolo OLSR é praticamente constante para nós que se deslocam a uma velocidade de 10 M/S, enquanto o atraso para o protocolo OLSR tem aproximadamente o mesmo atraso e até permanece constante para nós que se deslocam a uma velocidade de 28 M/S. Comparando os diagramas para o atraso do OLSR no caso de 10 M/S e 28 M/S, podemos ver que não há diferença significativa no atraso. Os nossos resultados de simulação mostram que o protocolo OLSR tem o mesmo atraso a diferentes velocidades dos nós, o que se traduz num desempenho consistente do protocolo OLSR a diferentes velocidades dos nós. Ao contrário dos protocolos reactivos, o OLSR mantém e actualiza frequentemente a sua tabela de encaminhamento, o que ajuda o OLSR a manter caminhos consistentes. O protocolo OLSR troca mensagens "hello" com os seus nós vizinhos e forma ligações simétricas, mesmo que a velocidade dos nós varie, o que lhe permite efetuar um encaminhamento bem sucedido.

A Figura 7.11 e a Figura 7.12 mostram o atraso do protocolo AODV para nós que se deslocam a 10 M/s e 28 M/s, respetivamente. O atraso para o protocolo AODV diminui gradualmente a uma velocidade de nó de 10 M/s e depois mantém-se constante, enquanto o atraso para o protocolo AODV aumenta gradualmente a uma velocidade de nó de 28 M/s. Ao comparar os dois diagramas para o protocolo AODV, o atraso a 10 M/s é significativamente menor do que o atraso a 28 M/s. Os nossos resultados de simulação mostram que o protocolo AODV tem um atraso maior quando a velocidade do nó é aumentada.

7.3.3 Análise do fluxo de DSR, OLSR e AODV a velocidades de 10 m/s e 28 m/s

Os diagramas da Figura 7.13 e da Figura 7.14 mostram o débito para os protocolos DSR, OLSR e AODV para nós que se deslocam a 10 M/S e 28 M/S, respetivamente. A taxa de transferência é calculada em função da velocidade do tráfego.

Comparando as Figuras 7.13 e 7.14, podemos ver que o throughput do protocolo DSR é mais elevado para os nós que se deslocam a 10 M/s do que para os nós que se deslocam a 28 M/s. O rendimento do protocolo AODV é ainda mais elevado para os nós que se deslocam a 10 M/s do que para os que se deslocam a 28 M/s. No entanto, o protocolo OLSR apresenta uma evolução diferente da dos protocolos DSR e AODV. O protocolo OLSR apresenta um débito significativamente mais elevado para os nós que se deslocam a uma velocidade de 28 M/s do que para os nós que se deslocam a uma velocidade de 10 M/s. Os nós que se deslocam a 10 M/s têm um débito mais elevado do que os outros.

Os resultados da simulação mostram que o protocolo de encaminhamento proactivo OLSR tem um débito mais elevado do que os protocolos reactivos AODV ou DSR quando a velocidade dos nós é aumentada, pela razão que discutimos acima no caso da análise do atraso.

7.4 Categoria 4

7.4.1 Impacto do TCP no desempenho dos protocolos de encaminhamento

Neste cenário, o desempenho dos protocolos DSR, OLSR e AODV é analisado com base no atraso TCP para tráfego HTTP de baixa carga ou tráfego HTTP de alta carga.

Para observar o impacto do atraso TCP na análise do desempenho dos protocolos de encaminhamento de MANET, desenvolvemos dois cenários de simulação. Cada cenário consiste em 50 nós móveis com baixa carga HTTP ou alta carga HTTP utilizando os protocolos de encaminhamento DSR, OLSR e AODV numa área de campus de 1.000 m x 1.000 m. Os nós móveis foram colocados numa zona de acesso à infraestrutura de rede.

Em primeiro lugar, o ambiente de simulação para cada protocolo é desenvolvido separadamente para dois casos, depois cada cenário é simulado durante 10 minutos e os resultados são recolhidos.

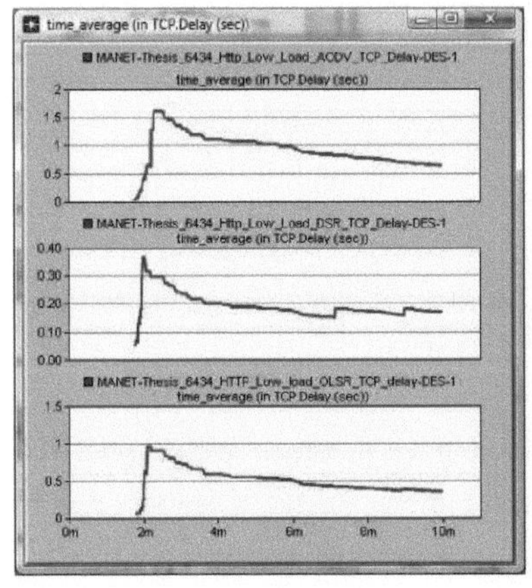

Fig 7.15: TCP Delay for DSR, OLSR and AODV protocols over HTTP low load.

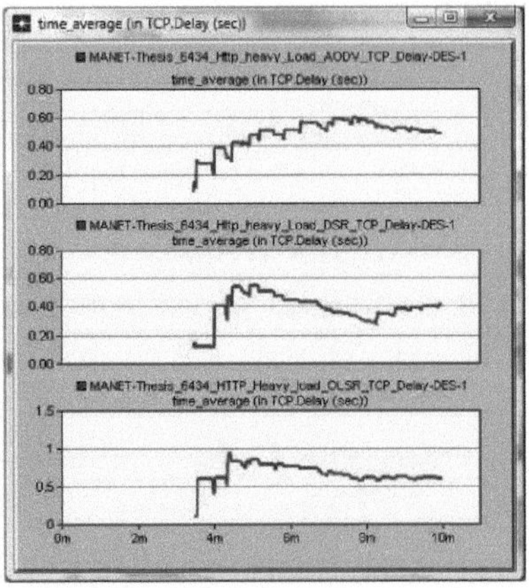

Fig 7.16: TCP Delay for DSR, OLSR and AODV protocols over HTTP heavy load.

Efeitos do atraso do TCP no desempenho do AODV

Na Figura 7.15, vemos o atraso TCP para o protocolo AODV quando submetido a tráfego

HTTP de baixa carga. Os resultados da simulação mostram que o atraso TCP para o protocolo AODV aumenta inicialmente, atingindo um máximo de 1,60 segundos, antes de diminuir gradualmente e permanecer constante em 0,64 segundos. A Figura 7.16 mostra o atraso TCP para o protocolo AODV quando o tráfego HTTP é alto. Podemos ver que o atraso TCP para o protocolo AODV aumenta e atinge um máximo de 0,57 segundos, depois diminui ligeiramente e permanece constante em 0,49 segundos.

Comparando as Figuras 7.15 e 7.16, podemos ver que os nossos resultados simulados para o protocolo AODV com carga HTTP elevada e carga HTTP baixa concluem que o protocolo AODV apresenta um atraso TCP menor com carga HTTP elevada do que com carga HTTP baixa.

7.4.2 Efeitos do atraso do TCP no desempenho do OLSR

A Figura 7.15 mostra o atraso TCP para o protocolo OLSR com baixo tráfego HTTP. Os resultados da simulação mostram que o atraso TCP para o protocolo OLSR aumenta primeiro até um máximo de 0,96 segundos e depois diminui gradualmente até permanecer constante em 0,35 segundos. Na Figura 7.16, vemos o atraso TCP para o protocolo OLSR sob alto tráfego HTTP. Podemos ver que o atraso TCP para o protocolo OLSR aumenta gradualmente no início, atingindo um máximo de 0,94 segundos, depois diminui gradualmente e permanece constante em 0,60 segundos.

Comparando as duas figuras 7.15 e 7.16, podemos ver que os nossos resultados simulados para o OLSR com carga HTTP alta e baixa concluem que o OLSR tem menos atraso TCP com carga HTTP baixa do que com carga HTTP alta.

7.4.3 Efeitos do atraso do TCP no desempenho do DSR

A Figura 7.15 mostra o atraso TCP para o protocolo DSR com baixo tráfego HTTP. Os nossos resultados de simulação mostram que o atraso TCP para o protocolo DSR começa por atingir um máximo de 0,37 segundos, depois diminui gradualmente e, por fim, mantém-se constante em 0,16 segundos. A Figura 7.16 mostra o atraso TCP para o protocolo OLSR sob alto tráfego HTTP. Podemos ver que o atraso TCP para o protocolo DSR aumenta gradualmente no início e atinge um máximo de 0,54 segundos, depois diminui gradualmente e permanece constante em 0,40 segundos.

Comparando as duas figuras 7.15 e 7.16, podemos ver que os nossos resultados simulados para DSR com carga HTTP alta e baixa concluem que DSR tem menos atraso TCP com carga HTTP baixa do que com carga HTTP alta.

Em conclusão, os protocolos reactivos têm um atraso TCP diferente dos protocolos proactivos, dependendo da carga de tráfego. A variação do atraso TCP dos protocolos reactivos em função da carga de tráfego explica-se pela natureza reactiva destes protocolos. Durante a transmissão de dados, estes protocolos reactivos sofrem normalmente interrupções de ligação que podem ser devidas a tráfego intenso/mobilidade/congestionamento dos nós e resultam em pacotes perdidos. Uma vez que o TCP depende mais de uma entrega precisa do que de uma entrega atempada, não envia um aviso de receção ao destinatário. Não envia um aviso de receção à fonte até ter recebido os pacotes em ordem. Em seguida, é acionado um tempo limite de retransmissão (RTO) e os pacotes são retransmitidos se forem considerados perdidos [25]. Consequentemente, os protocolos reactivos têm um atraso TCP diferente dos protocolos proactivos.

Capítulo 8

CONCLUSÕES E TRABALHO FUTURO

Neste trabalho, efectuamos uma análise de desempenho dos protocolos de encaminhamento MANET DSR, OLSR e AODV, focando a escalabilidade, a mobilidade, a carga da rede e os efeitos do atraso TCP. Para a análise dos protocolos, são utilizados os parâmetros throughput e delay.

Os nossos resultados de simulação, que se concentram na escalabilidade ao analisar o desempenho dos protocolos que escolhemos, concluem que o protocolo OLSR supera os protocolos AODV ou DSR ao variar o número de nós.

No caso da carga da rede, observou-se que, ao variar a carga da rede de uma carga baixa de tráfego HTTP para uma carga alta de tráfego HTTP, o desempenho do protocolo DSR foi fraco, enquanto o desempenho do protocolo OLSR foi semelhante em ambos os cenários, mas o protocolo AODV com uma carga alta de HTTP supera o desempenho com uma carga baixa de HTTP.

No caso da mobilidade, observou-se que o protocolo de encaminhamento proactivo OLSR superou os protocolos reactivos AODV e DSR quando as velocidades dos nós variaram, mesmo a velocidades mais elevadas.

Por último, a nossa análise de desempenho baseia-se no atraso do TCP. Para o efeito, considerámos um tráfego HTTP de alta carga e um tráfego HTTP de baixa carga para simular os cenários e recolher os resultados do atraso TCP.

Em conclusão, com base nos nossos resultados de simulação recolhidos utilizando as nossas condições de rede, concluímos que o desempenho da rede depende das condições da rede e confirmamos que a eficiência da rede pode ser alcançada escolhendo os protocolos mais adequados de acordo com os requisitos da rede, uma vez que os nossos resultados mostram variações de desempenho quando as condições da rede mudam.

O trabalho futuro neste domínio poderá incluir a obtenção de informações sobre o desempenho do protocolo e a normalização dos protocolos de encaminhamento para diferentes condições de rede. No entanto, existem muitos factores, como o impacto dos tempos de pausa, uma rede a várias velocidades, a capacidade energética dos nós, diferentes modelos de mobilidade, a implementação de múltiplos perfis com múltiplas aplicações em diferentes nós móveis e o impacto dos nós defeituosos no desempenho da rede. Todos estes factores devem ser tidos em conta para melhorar o desempenho das MANET.

APÊNDICE A

AODV	Ad hoc On-Demand Distance Vector Routing
DREAM	Distance Routing Effect Algorithm for Mobility
DSN	Destination Sequence Numbers
DSR	Dynamic Source Routing
FORP	Flow Oriented Routing Protocol
GPS	Global Positioning System
GPSR	Greedy Perimeter Stateless Routing
HTML	Hypertext Markup Language
LMR	Lightweight Mobile Routing
MPR	Multi Point Relay
OLSR	Optimized Link State Routing
OPNET	Optimized Network Engineering Tools
RREP	Route Reply
RREQ	Route Request
RERR	Route Error
STAR	Source Tree Adaptive Routing
TC	Topology control
TORA	Temporarily Ordered Routing Algorithm
TTL	Time-To-Live

REFERÊNCIAS :

[1] C. He. "Throughput and Delay in Wireless Ad Hoc Networks". Relatório final do projeto de turma EE359, Universidade de Stanford.
[Online]. Disponível em francês:
https://www.dsta.gov.sg/index.php/DSTA-2006-Chapter-6/ [Página consultada em 02.03.2009]

[2] S. Corson. e J. Macker. "Mobile ad hoc networks (MANET): routing protocol performance issues and evaluation consideration". NWG, 1999.
[Online]. Disponível em francês:
https://www.dsta.gov.sg/index.php/DSTA-2006-Chapter-6/ [Página consultada em 02.03.2009]

[3] J. Xie, L.G. Quesada e Y. Jiang. "A Threshold-based Hybrid Routing Protocol for MANET". Departamento de Telecomunicações, Universidade Norueguesa de Ciência e Tecnologia.

[4] O.C. Uzoamaka, O.R. Ajirioghene "The Performance of Dynamic Source Routing Protool for Mobile Ad Hoc Networks Aspect of Case Size and Cache Expiry Time" Sept 2009
[Em linha].disponível :
http://www.bth.se/fou/cuppsats.nsf/all/41d73ae984831495c12576800063f541/$file/Thes é MANET Final.pdf [Acesso : Tue : Mar 06. 2010]

[5] M.izaz, "Avaliação do desempenho do protocolo de controlo de transmissão (TCP) em MANET" março de 2009.
[Online]. Disponível em francês:
http://www.bth.se/fou/cuppsats.nsf/all/72446dc2870fc690c125757d0037c9fe/$File/Ijaz Tese de Mestrado%2019março.pdf [Acesso : 08.03.2010]

[6] S.J. Lee, "Routing and Multicasting Strategies in Wireless Mobile Ad hoc Networks" Universidade da Califórnia, Los Angeles. 2000.

[7] L. Abusalah, A. Khokhar, e M. Guizani, "A survey of Secure Mobile Ad Hoc Routing Protocols" in *Proc. IEEE*, 2008, pp. 78-93.

[8] A. Zahary, A. Ayesh, "Analytical study to detect threshold number of efficient routes in multipath AODV extension" in *Proc. ICCES*, 2007, pp. 95-100.

[9] J. Borch, D. A. Maltz, D.B. Jognson, Y. Hu e J. Jetcheva, "A Performance Comparison of

Multi-hop Wireless Ad Hoc Network Routing Protocols," in *Proc.ICON-MCN,* 1998, pp. 85-97.

[10] T. Cam, J. Boleng, B. Williams, L. Wilcox e W. Navidi, "Performance Comparison of Two Location Based Routing Protocols for Ad Hoc Networks" (Comparação do desempenho de dois protocolos de encaminhamento baseados na localização para redes ad hoc), em *Proc. IEEE-INFOCOM*
2002,

[11] Z. Chang, G.N. Gadadjiev, S. Vassiliadis, "Routing Protocols for Mobile Ad-hoc Networks: Current development and evaluation" in *Proc. WCS-SP*, 2005, p. 489-494

[12] C. Mbarushimana, A.Shahrabi, "Comparative Study of Reactive and Proactive Routing Protocols Performance in Mobile Ad Hoc Networks", in *Proc. AINAW*, 2007, p. 679-684.

[13] J. Mwanza, B. Myirenda "Avaliação do desempenho de protocolos de encaminhamento em redes móveis ad hoc (MANETs)". Jan2009.
[Em linha].disponível :
http://www.bth.se/fou/cuppsats.nsf/28b5b36bec7ba32bc125744b004b97d0/247e26e7f47 0cf9fc1257543005b1bfc [Accessed: Mar 23.2010]

[14] A. Suresh. "Performance analysis of the ad hoc on-demand dissonance vetor (AODV) using the OPNET simulator", mini-projeto da Universidade de Bremen, 2005.
[Em linha] Disponível em: http://www.comnets.uni-bremen.de/~koo/OPNET-AODV-asn.pdf
[Acesso : 23.03.2009]

[15] A. Shrestha, F. Tekiner. "On MANET Routing Protocols for Mobility and Scalability" ICON-PDC, 2009, p. 451-456.

[16] D. Johnson,Y. Hu, D. Maltz "The Dynamic Sorce Routing Protocol (DSR) for Mobile Adhoc Networks for IPv4" NWG, 2007.
[Em linha]. Disponível em: http://tools.ietf.org/html/rfc4728 [Acedido em: 26.03.2010].

[17] S. Ahmad, I. Awan, A. Waqqas, B. Ahmad. "Análise do desempenho dos protocolos DSR e DSR alargado" ICON-AICMS, 2008, pp.191-196.

[18] T. Clausen, P. Jacquet "Optimiertes Link State Routing Protokoll (OLSR)" NWG, 2003.
[Em linha]. Disponível em : http://www.ietf.org/rfc/rfc3626.txt [Acesso : 28.03.2010]

[19] C. Perkins, E. Belding, S. Das. "Ad hoc On-Demand Distance Vetor (AODV) Routing"

NWG, 2003.
[Em linha]. Disponível em : http://www.ietf.org/rfc/rfc3561.txt [Acesso : 02.04.2010]

[20] Ed. Tittel, M. Hossain, M. Heydari *Schaum's Outline **Of** Computer Networking,* McGraw-Hill Companies, p. 39, 2002.

[21] S.A Thomas. "HTTP Essentials Protocol for secure,Scaleable Web Sites" Newyork: robert Ispen, 2001, p. 01-13.

[22] B. Schilling, "Qualitative comparison of network simulation tools" [em linha]. Disponível em francês:
http://webcache.googleusercontent.com/search?q=cache:xrXbxij dP0J:www.ipvs.uni-stuttgart.de/abteilungen/vs/lehre/lehrveranstaltungen/studienprojekte/CUBUS termine/dateien/schillingfolien.ppt+was+ist+NS2+und+opnet+unterschiede&cd=1&hl=en&ct=clnk&client=firefox-a [Acedido em: 10 de maio de 2010]

[23] [Online]. Disponível em francês:
http://www.opnet.com/university_program/research_with_opnet/[Acedido em: 10 de maio de 2010]

[24] [Online]. Disponível em francês:
http://datatracker.ietf.org/wg/manet/charter/[Acedido em: 10 de maio de 2010]

[25] H. Touati, I. Lengliz, F. Kmaoun " Performance of TCP Adaptive RTO in ad-hoc networks based on different routing protocols" in *Proc. MWCN,* 2007, p. 176-180.

Printed by Books on Demand GmbH, Norderstedt / Germany